この本を読むみなさんへ

監修　稲田修一

　わたしたちの身のまわりには「データ」があふれています。例えば、買い物をした店や商品とその値段、スマートフォンで見た情報の検索履歴、健康診断の記録や天気のデータなどです。

　このデータが社会を変え、わたしたちのくらしの役に立つと注目されています。注文した商品をすぐにとどけたり、さがしている情報がどこにあるか教えてくれたり、病気をふせいだり、まちやくらしを災害から守るなど、さまざまな場面で使われているのです。

　これを可能にしたのは、コンピュータとインターネットの発展です。大量のデータをすばやく集めて分析し、今まで気づかなかったことや世のなかの変化をすばやく知ることができるようになりました。データを分析し、さまざまな課題を解決するアイデアを考える専門家を「データサイエンティスト」とよびますが、今では人気の職業です。

　データを上手に使うには、集めたデータをまとめたものをじっくり見て「何か変だな？」「どうしてこうなるの？」と感じることがとても大切です。また、課題を解決する途中で、さらに新しい課題が見つかることもあります。楽しみながら、でも、ねばり強く続けることが必要です。

　この本は、身のまわりにどのようなデータがあるのか、データがなぜ注目されているのか、データで社会やくらしがどう変わるのか、そして、どうすればデータを使えるようになるのかを説明しています。この本を読んでデータにくわしくなり、「データっておもしろい！」と思ってもらえれば幸いです。

※このシリーズは、とくに断りのないかぎり、2021年10月現在の情報にもとづいています。

監修
早稲田大学
研究戦略センター教授
稲田修一

指導協力
早稲田大学
教育・総合科学学術院教授
小林宏己

データで変わる！産業とくらし

3

今日からきみもデータ名人

小峰書店

もくじ

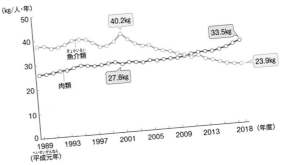

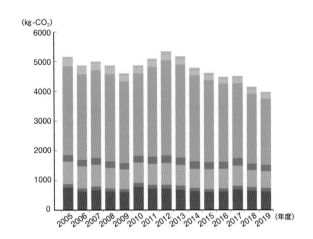

きみもやってみよう！

わたしたちと一緒に
見ていこう

データ博士
データを使った課題解決
の専門家。データ学園小
学校で、データの大切さ
や楽しさを教えている。

ヒデ君
データ学園小学校の5
年生。社会科でデータ
について学習し、もっ
とくわしく知りたいと
思っている。

ノリちゃん
データ学園小学校の5
年生。ヒデ君とはおさ
ななじみで同じクラ
ス。いつも一緒に勉強
している。

昔も今もデータ名人が大活躍

この本の1巻と2巻では、古代エジプトの農業から最新の産業まで、
さまざまなデータ活用を紹介しました。3巻では、これらのデータ名人の"技"を見本に、
自分たちでデータを使い課題を解決していきます。

古代エジプト人
データを使って
よりよい種まきの
時期を見つけた
▶1巻14ページ

世界の偉人
国を発展させたり、
命を守ったりするため
にデータを使った
▶1巻16ページ

豊臣秀吉

ナポレオン・
ボナパルト

フローレンス・
ナイチンゲール

いろんな人が、
それぞれの目的のために
データを使っていたよね

（アスクル株式会社）

販売・運輸業
データを使って、
必要なところに
すぐに商品をとどける
▶2巻10ページ

ぼくたちも
こんなふうに
データを
使えたらいいね

観光業
データをいかすことで、
世界中からたくさんの
人が来るようになった
▶2巻16ページ

（Photo by kenichi Shimura）

（豊岡市フォトライブラリー）

では、ここからは
自分たちで
やってみよう

水産業
データを使って、安全で
おいしい水産物をいつでも
食べられるようにする
▶2巻22ページ

おー！

基本の「き」

課題解決は6つのステップで考える

データを使って課題を解決するには、「準備」が大切です。
まずは、データ活用の基本の流れをつかみましょう。6つのステップがあります。

ここが
スタート

ステップ1

課題を
見つける

くらしや社会にある「どうしたらいいの？」「もっとよい方法はない？」「なぜこうなるの？」といった、気になることやこまっていることから課題を見つけます。

ステップ2

解決に向けて
計画を立てる

課題を解決するためには何を調べ、どんなデータを集めるとよいかを考えて計画を立てます。実験、観察、アンケートなど、必要なデータを集める方法も考えます。

この流れで、課題解決に挑戦していくよ。手順がわからなくなったときは、このページにもどって確認してね

ステップ5

結論を
出す

途中でやり直してもいいんだね

データを分析した結果をまとめ、「こういう特徴があるならば、こうすれば解決できそうだ」と納得できる答えを見つけます。

1巻で見た、
データサイエンティストの人たちと
同じことをするんだね

ステップは何度くり返してもよい

● 課題を見直す→ ステップ1 へ
● 計画を立て直す→ ステップ2 へ
● データを見直す、集め直す→ ステップ3 へ

データの分析がうまくいかなかったり、結論が出なかったりするときは、課題、計画、データ集めを見直すことを考えましょう。ステップをくり返すことで、納得できる結論に近づきます。

ステップ3

必要なデータを集める

ステップ2で決めた方法で、実際に必要なデータを集めていきます。インターネットでデータを集めるときは、41ページで紹介するような信頼できるものを利用します。

ステップ4

データを分析する

集めたデータを整理して、わかりやすくあらわせる表やグラフにまとめ、変化や傾向に注目して特徴を見つけます。

ステップ6

解決に役立てる

ステップ5の結論をもとに、課題の解決に役立つ最適な方法を提案します。データ活用では、結論を出すだけで終わらせず、役立てることが大切です。

ここがゴール

Key word

PPDAC サイクル
ピーピーディーエーシー

データを使った課題解決の手順として、「統計学(▶1巻17ページ)」という学問で使われます。上記のステップ1〜5にあたります。この本では、結論を課題の解決に役立てることを大事にしているため、ステップ6が加わっています。

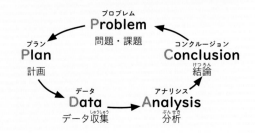

Problem
プロブレム
問題・課題

Plan
プラン
計画

Conclusion
コンクルージョン
結論

Data
データ
データ収集

Analysis
アナリシス
分析

データは表やグラフにする

データを使うときに大切なのは、集めたデータから特徴を見つけて「気づき」をえることです。
データは表やグラフにするととても見やすくなり、特徴を見つけやすくなります。

ヒデ君のテストの点数を見てみよう

ヒデ君のテストの点数をデータとして使ってみましょう。算数と社会に分けて、テストを受けた月順に点数をならべて表にすると見やすくなります。表をもとに9ページのようなグラフをつくると、もっと特徴に気づきやすくなります。

はい。算数と社会のテストの結果だよ

何月のテストで何点とったのか、よくわからない

おお。キレイにならべると見やすいね

何月のテストでどの科目が何点だったかがひと目でわかる

え…。そのままだとよくわからない…

表にすると…

◆ヒデ君のテストの結果

科目＼月	4月	5月	6月	7月	9月	10月	11月	12月
社会	97点	100点	95点	100点	100点	100点	100点	94点
算数	67点	70点	59点	62点	65点	76点	63点	60点

こっちはもっと
わかりやすい！
こんな特徴があるわ

ノリちゃんがわかったこと

- 社会のテストは、5回も100点をとっている
- 算数は、80点以上は一度もない
- 社会と算数の差が、いつも30点くらいある

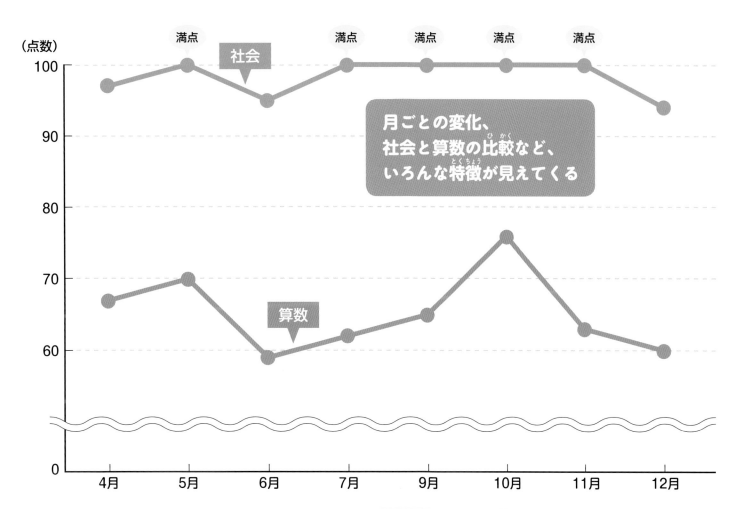

（点数）

満点　　　　満点　満点　満点　満点

社会

100

月ごとの変化、
社会と算数の比較など、
いろんな特徴が見えてくる

90

80

70

算数

60

0

4月　5月　6月　7月　9月　10月　11月　12月

グラフにすると…

本当だ。
ぼくもわかった
ことがあるよ

ヒデ君がわかったこと

- 7月～10月は、算数の点数が上がっている
- 12月は、2科目とも点数が落ちてしまった
  （冬休みにしっかり復習しなきゃ…）

6月のテストの点数が
悪かったから、一生懸命
勉強したんだ。
だけど、10月のテストで
算数もよかったから、
油断したみたい

表やグラフにすると、見るだけで
さまざまなことに気づけるね。
グラフの種類が知りたいときは、
次のページを見てね

グラフの種類を知っておこう

グラフはまとめ方によってさまざまな形があり、それぞれ見やすくなる部分がちがいます。自分でつくるときは、どんなグラフを使うとデータの特徴（とくちょう）がよりわかるか、よく考えて選びましょう。

1 棒（ぼう）グラフ

調べた個々（ここ）のデータをまとめて棒の長さでくらべ、ちがいを見ることができます。長さの特徴（とくちょう）が見やすくなるように、棒（ぼう）の太さや棒と棒の間隔（かんかく）は同じにします。ならべ方は、棒（ぼう）の長い順、時間が流れる順など見やすいように工夫しましょう。

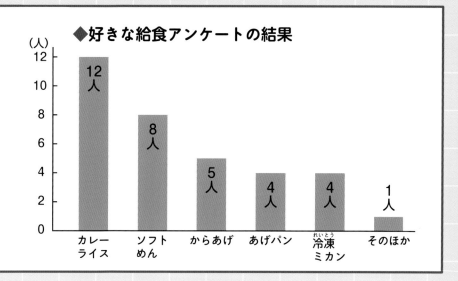

◆好きな給食アンケートの結果

2 折れ線グラフ

個々（ここ）のデータを点と線であらわして、時間などによる変化をわかりやすくしめすことができます。複数（ふくすう）の折れ線を書くときは、線の色を変えるとくらべやすくなります。横軸（よこじく）に時間、縦軸（たてじく）に重さや量など時間によって変化するものをとることが多いです。

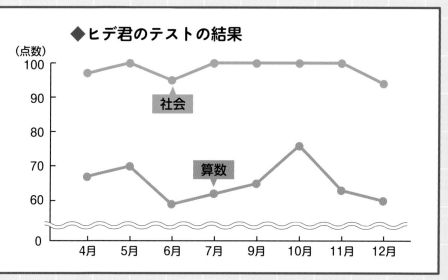

◆ヒデ君のテストの結果

3 円グラフ

円全体を「100」としたときに、調べた個々（ここ）のデータをまとめ、それぞれどれくらいの割合（わりあい）になるかをあらわすことができます。円を分割（ぶんかつ）した角度で、割合（わりあい）の大きさをあらわします。

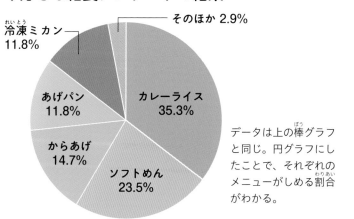

◆好きな給食アンケートの結果

データは上の棒（ぼう）グラフと同じ。円グラフにしたことで、それぞれのメニューがしめる割合（わりあい）がわかる。

小学6年生までに学ぶのは
この6つだけど、ほかにも
もっと種類があるんだよ

へぇ！ どんな
グラフがあるか、
さがしてみたいな

4 帯グラフ

帯の長さを「100」としたときに、調べた個々のデータをまとめ、それぞれどれくらいの割合になるかをあらわすことができます。複数のデータをくらべたいときは、同じ長さの帯をならべます。

ヒデ君のとなりのクラスのデータとくらべる場合、円グラフをならべるよりも特徴が見やすくなる。

◆好きな給食アンケートの結果

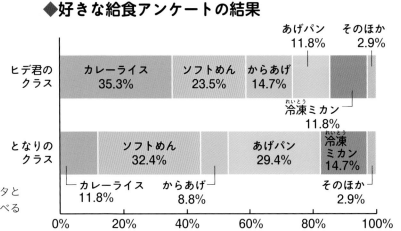

5 ドットプロット

データの散らばり具合を具体的にわかるようにすることができます。データ一つにつき、一つの同じ大きさの点（ドット）を使い、目もり上につみ重ねてあらわします。

◆ヒデ君のクラスの社会のテストの結果

データ学園小学校5年1組34人の社会科のテストの点数を一つひとつのドットにしてあらわしている。例えば、97点の人が7人いることがわかる。

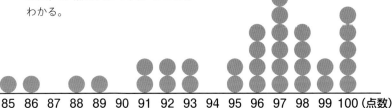

6 ヒストグラム

散らばりのあるデータを、いくつかの数字の幅（階級）に分けてまとめ、まとまりの大きさをくらべることができます。個々の数字の大小にまどわされずに、全体の傾向がわかります。

◆ヒデ君のクラスの社会のテストの結果

データは上のドットプロットと同じ。95点〜99点までに点数が集中していることがわかる。

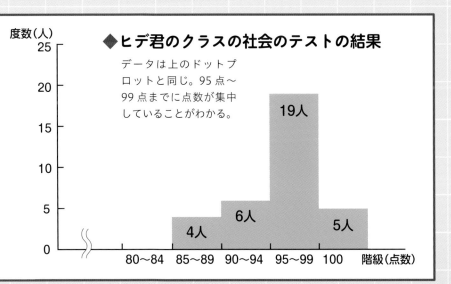

4つのことに気をつけよう

課題を設定してデータ分析を進めてみたものの、「どうしてもうまくいかない…」ということはよくあります。そんなときは、次の4つの項目を確認し、見直してみましょう。

実際に始めてこまったときは、これらにあてはまらないか確認してね

✅ チェック1

設定した課題がむずかしすぎる

"大きなことに挑戦しよう"とむずかしい課題を選ぶと、計画が立てられなかったり、集めるデータがむずかしすぎたりして行きづまります。また、結論は出たものの、役立つものではなかったり、どう役立てればいいのかわからなかったりすることもあります。

「うまく進まない」「計画が立てられない」「結論は出たものの、できることが見あたらない」といったときは、課題を変えることも考えましょう。

✅ チェック2

集めるデータがまちがっている・少ない

課題に対し、集めるデータがまちがっていると、目的の結論が出てこなくなります。また、データの数が少なすぎると、表やグラフにしても特徴が見つかりにくく、結論の説得力も弱くなります。データの数は、例えば1週間分より1か月分、1クラス分より1学年分など、より多くのデータを集めることも考えましょう。

実際にあった失敗例①

せっかくの成果が役に立たない!

ある工場では、品物の画像データを分析することで、キズのある「欠陥品」を発見するシステムが開発できるとわかり、工場長へ提案されました。

しかし、この工場では、欠陥品が出ることはほとんどなく、課題はほかのことにありました。欠陥品について設定した課題は会社に役立つものではなかったのです。一生懸命調べて見つけた提案は没になりました。

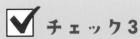

きちんとしたデータが
とれていない

　チェック2にあてはまらないのに、データの特徴がつかめなかったり、予想とまったくちがうデータになったりするときは、データを集める条件が同じではないなど、何か問題があるのかもしれません。時間や場所、回数、人数などの条件をそろえてデータをとり直すなど、データの集め方を見直しましょう。

チェック4

グラフのつくり方、
代表値の使い方がちがう

　データの特徴を正しくとらえるには、データにあった表やグラフを選び、縦軸と横軸の目もりの間隔を等しくして、まちがいなく書くことが大事です。データの特徴となる「代表値（下図）」の使い方によっても、分析の結果が変わるので正しく理解して使いましょう。

晴れているのにくもり？
鳥の"フン"が
原因だった

　ある農家では、計測している「日照計」のデータがいつもくもりをしめしていました。晴れている日もあるのに"おかしい"とくわしく調べてみたところ、日照計に鳥のフンがついていることがわかりました。鳥のフンによって太陽の光がさえぎられたために条件が変わり、ずっと正確なデータがとれていなかったのです。

きちんとしたデータを
集めて正しく使うことが
大事なんだね

代表値

データ全体の特徴を代表してあらわす数値のことで、次の3つのようなものがあります。

中央値	データを数値の大きさ順にならべたとき、ちょうど真ん中にくる値。右のドットプロットでは、ヒデ君のクラス34人のちょうど真ん中にあたる「97点」。
最頻値	データのうち、順番や大きさとは関係なく、最も多い値。右のドットプロットでは「97点」。
平均値	データをすべて足したものを、データの数でわった値。右のドットプロットでは、ヒデ君のクラス全員のテストの点数を足し、人数の34でわった「95.3点」。

◆ヒデ君のクラスの社会のテストの結果

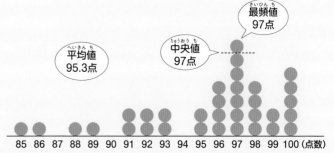

毎月のおこづかい800円は 少ない? それともふつう?

ここからは、6つのステップを使って、
身近な課題を実際に考えていきます。
まずは、「毎月のおこづかい」についてです。
ヒデ君は毎月800円もらっていますが、
少ないと感じているようです。

小学5年生で、毎月のおこづかいが
「800円」なのは、少ない気がするんだ。
ノリちゃんはいくらもらっている?

わたしは、
1か月
1000円よ

ステップ1

課題を見つける

では、こんな課題を設定して
ヒデ君のおこづかいの
なやみについて考えてみよう

〔課題〕

● 毎月800円の
  おこづかいは少ない?
  それともふつう?

● 金額が上がる
  よい方法はない?

14

ステップ2

解決に向けて計画を立てる

まずは、
クラスみんなの
おこづかいの金額が
知りたいよね

アンケートを
とりましょうよ！
それをまとめたら、
気づくことがあるはず

〔計画〕

①クラスのみんなに
「おこづかいアンケート」をとる。

②アンケート結果を
見やすく整理する。

③みんなが毎月いくら
もらっているか確認する。

④おこづかいアップの
ヒントを見つけよう。

ステップ3

こんな
アンケートを
つくったよ

必要なデータを集める

わかり
やすくて
いいね

データ学園小学校5年1組

おこづかいアンケート

名前

_____

※記名したくない場合は書かなくていいです。

 毎月、おこづかいをもらっていますか？
どちらかに〇をつけてください。

　　はい・いいえ

 質問1 で「はい」に〇をした人は答えてください。
毎月もらうおこづかいの金額はいくらですか？

　（　　　　　）円

ご協力ありがとうございました。
小峰ヒデ

15

クラス34人分
集まったよ。
早速、集計しよう

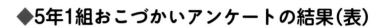

データを分析する

◆5年1組おこづかいアンケートの結果(表)

毎月のおこづかいの金額(円)	人数(人)
0	1
500	2
800	3
1000	11
1200	8
1500	5
1800	1
2000	2
3000	1

表にすると
こんな感じかな?

うーん。
表だと特徴が
見えにくいな

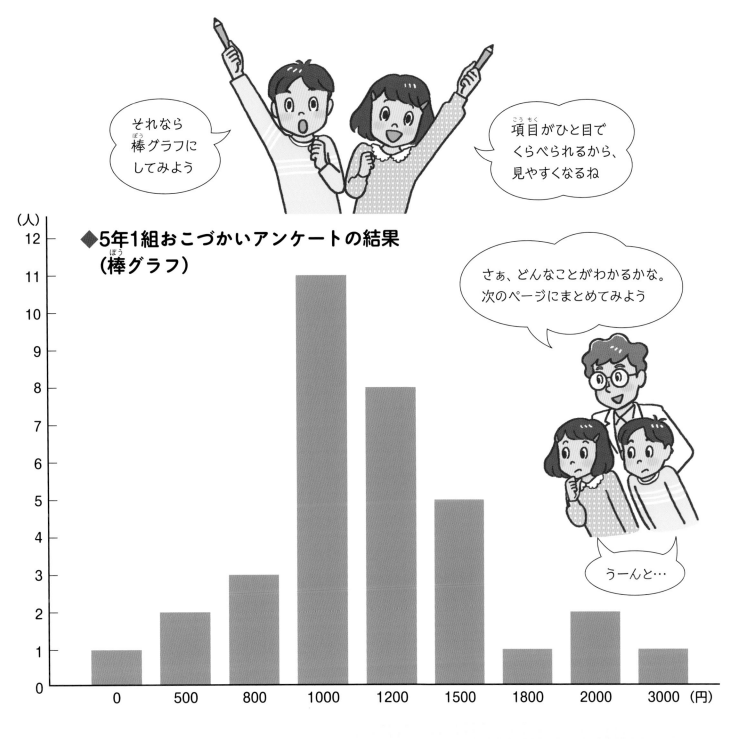

それなら棒グラフにしてみよう

項目がひと目でくらべられるから、見やすくなるね

さぁ、どんなことがわかるかな。次のページにまとめてみよう

うーんと…

◆5年1組おこづかいアンケートの結果
（棒グラフ）

ヒストグラムにしてみよう

11ページを参考にして、上のデータをヒストグラムにしてみましょう。0〜499円、500〜999円など、おこづかいの金額の幅で階級をつくり、あてはまる人数をグラフにします。ヒストグラムにして見えた全体の傾向について考えてみましょう。

◆5年1組おこづかいアンケートの結果
（ヒストグラム）

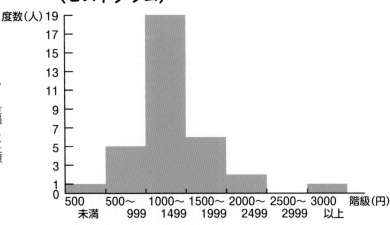

ステップ4

データを分析する　のつづき

いろんなことが
わかったね

うん！
新たに調べたいことも
見つかったから、それは、
となりに書いたの

[データからわかったこと]

● ヒデ君と同じ800円の人は、
ほかに二人いた。

● おこづかい「0円」の人もいた。
「3000円」という人もいた。

● クラスの平均おこづかいは、
「約1185円」だった。

● 「1000円」の人が11人で
いちばん多い。

● 「1000円」以上の人は、合計28人。
クラスの8割をこえている。

[メモ]

新しい疑問

0円でどうやって
マンガやおかしを
買っているのか、
気になる…。

どうしてそんなに
もらっているのか
聞きたい！

よし！
結論を
まとめよう

ステップ5

結論を出す

いいね

[結論]

● ヒデ君のおこづかいは、
クラスのなかでは「少ない」といえそうだ。

● このデータを見せて、
いちばん多い「1000円」か、
平均の「1185円」でお母さんに交渉してみよう。

ぼくの結論は
こうだよ

よい結論が
出てよかった

解決に役立てる

お母さん見て。調べてみたら
こんな結果だったんだよ。
おこづかい上げてくれない？

もう、しょうがないわね。
今月から1000円ね

うまく交渉
できたね

お母さんから話を聞いたけど、
クラスのみんなが何に使っているか、
ヒデの使い道と同じかどうか調べた
結果で、おこづかいアップの判断をするよ

ステップ アップ！

みんなのおこづかいの
使い道を調べてみよう

お母さんからおこづかいアップをみとめてもらったヒデ
君ですが、お父さんから「おこづかいの使い道」につい
て、新たな課題をもらいました。「何に使っていますか？」
「使い道の内訳を教えてください」など、追加のアンケー
トをとってデータを集め、調べてみましょう。また、右
のような調査結果ともくらべてみましょう。

右の表は、株式会社バンダイが行っている「小中学生のおこづか
いに関する意識調査」の結果。小学生・中学生別、男女別に使い
道を発表しているほか、管理方法などについて調査している。

◆小学生のおこづかいの使い道トップ10

第1位	おかしやジュースなどの飲食物	57.1%
第2位	文房具	30.6%
第3位	マンガ（雑誌・コミック）	28.9%
第4位	貯金	28.4%
第5位	おもちゃ	22.5%
第6位	ゲーム（アミューズメント施設内）	15.0%
第7位	書籍（マンガ以外）	14.7%
第8位	ゲームソフト	11.8%
第9位	カードゲーム	8.6%
第10位	服・アクセサリー	6.9%

（「バンダイこどもアンケートレポート Vol.251」2019 年より作成）

日本人は魚を食べなくなっている?

テレビで、「魚の消費量(しょうひりょう)がへっている」という
特集を見たヒデ君。
お刺身(さしみ)や回転ずしは大好きなのにどうして? と
疑問(ぎもん)に思い、魚の消費量(しょうひりょう)がへった理由を
調べてみることにしました。

給食は肉と魚がバランスよく出るよね。
でも、魚を食べる量が日本では
へっているんだって

そうなの!?
魚はおいしいし、
からだにいいから
食べたほうが
いいと思うなぁ

ヒデ君が聞いた話は、
このデータのことだね。
実は、日本人の魚の消費量(しょうひりょう)が
へる「魚離(さかなばな)れ」は深刻(しんこく)なんだよ

そう、このグラフ。
日本だけが下がっていて、
おどろいたんだ

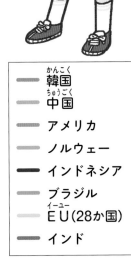

◆主な国・地域の1年間の魚介類の
　消費量（一人あたり）（「令和元年度 水産白書[水産物消費の変化]」水産庁 より作成）

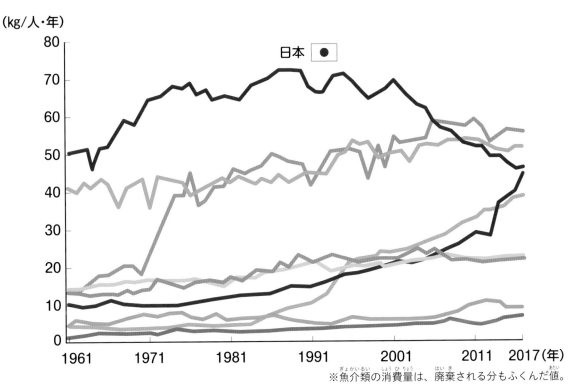

（kg/人・年）

日本 ●

韓国（かんこく）
中国（ちゅうごく）
アメリカ
ノルウェー
インドネシア
ブラジル
EU（28か国）
インド

80
70
60
50
40
30
20
10
0

1961　1971　1981　1991　2001　2011　2017（年）

※魚介類の消費量は、廃棄される分もふくんだ値。

ほんとだね。
日本だけ2001年から
へっているわ。
どうしてかしら？

これを課題にして
みようか？

うん！
そうしよう

ステップ**1**

課題を見つける

［課題］

● 日本人の魚の消費量が
　へっているのはどうして？

● 消費量をふやす
　よい方法はない？

ステップ2

なぜへったのか、理由がわかるデータも必要ね

解決に向けて計画を立てる

まずは、日本の消費量をくわしく見たいよね

〔計画〕

①データから、消費量がへった理由を見つけよう
・日本人は魚がきらいになったのかな？
・魚より肉を食べるようになったのかも？

②消費量がへった理由をヒントに、必要な対策を考えよう。

ステップ3

必要なデータを集める

魚のデータは、水産庁が豊富だよ。こんなキーワードで調べてみよう

○検索キーワード
水産庁　魚　消費量
水産庁　魚　データ

こんなデータがあったよ

ステップ4

データを分析する

◆日本人一人あたり、1年間の魚介類と肉類の消費量

(kg/人・年)　(「令和元年度 水産白書[水産物消費の状況]」水産庁 より作成)

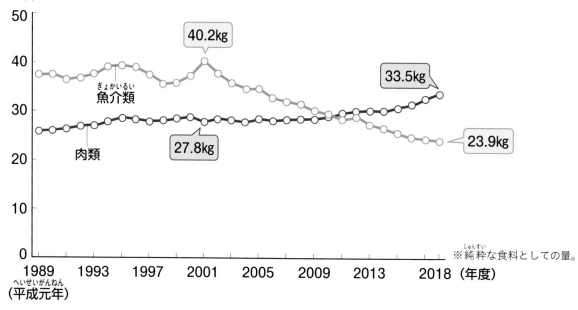

※純粋な食料としての量。

22

◆魚料理を好きかどうか

- ややきらい 6.2%
- きらい 0.7%
- やや好き 38.7%
- 好き 54.4%

よし！
わかったことを
書いていこう

◆魚介類をあまり買わない理由（肉類とくらべて）

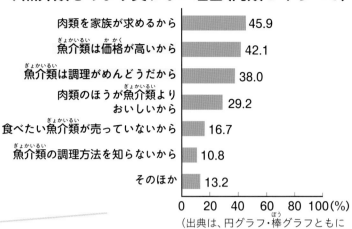

理由	%
肉類を家族が求めるから	45.9
魚介類は価格が高いから	42.1
魚介類は調理がめんどうだから	38.0
肉類のほうが魚介類よりおいしいから	29.2
食べたい魚介類が売っていないから	16.7
魚介類の調理方法を知らないから	10.8
そのほか	13.2

（出典は、円グラフ・棒グラフともに
22ページのグラフと同じ）

〔データからわかったこと〕

- 魚の消費量は2001年から確実にへっている。

- 魚の代わりに肉類の消費量がふえている。

- 好ききらいでは、93.1%が好き。

- 買わない理由には、「肉類を家族が求める」のほか、「価格の高さ」「調理のめんどうさ」が上位。

〔メモ〕

計画であげていた
データがうまく
見つかったね

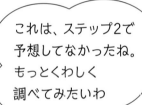

この値はすごく高いと思う。

新しい疑問

どれくらい高いんだろう？

調理に負担がかかるってこと？家事の時間ってどのくらいあるんだろう？

これは、ステップ2で予想してなかったね。もっとくわしく調べてみたいわ

ステップ2へもどる

もう一度、計画を立てる

〔計画〕

①大人の家事時間のデータと、魚の消費量の関係を見てみよう。
・家事時間がないから、魚料理ができないのかな？
②答えが出たら、必要な対策を考えよう。

ステップ3

必要なデータを集める

どんなキーワードが
いいか考えてみてね

ステップ4

データを分析する

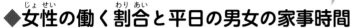

2000年に向けて、成人女性の家事時間がすごくへっているね

働く女性がふえたからかしら

◆女性の働く割合と平日の男女の家事時間

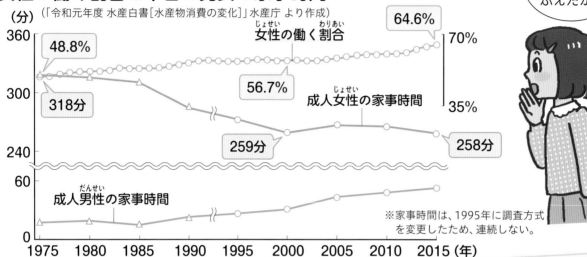

（「令和元年度 水産白書[水産物消費の変化]」水産庁 より作成）

48.8%

318分

女性の働く割合 64.6% 70%

56.7%

259分

成人女性の家事時間 35%

258分

成人男性の家事時間

※家事時間は、1995年に調査方式を変更したため、連続しない。

[データからわかったこと]

● 1985年ごろから2000年に向けて、成人女性の家事時間は50分くらいへっている。

● 成人女性の家事時間は、2000年以降あまり変わっていない。

● 女性の働く割合はずっとふえている。

ステップ5

結論を出す

ステップをくり返したことで、最初の予想とはちがう事実がわかったね

うん！ さあ、結論をまとめよう

[結論]

● 日本人の魚の消費量はへっているけど、きらいなわけじゃない（むしろ好きな人が多い）。

うまくまとまったね

● 消費量がへった理由の一つには調理の手間がある。昔にくらべて家事時間がへっているから、手間のかかる魚料理はつくれないのかも。

● つまり、手間がかからない魚料理があれば、食べる人はふえるかも！

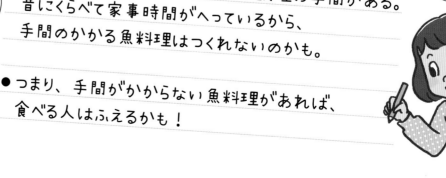

解決に役立てる

あら、楽で
いいわね

賛成！わたし
お魚大好き

お母さん、今晩の
おかずは魚にしようよ！
コンビニやスーパーで
売っている、調理
された魚を買うのは
どうかな？

グラフで気づいたことを もっと調べてみよう

21 〜 24 ページで紹介したグラフを見て、さらに気づいたこと、
魚の消費量をふやす別の方法がないか、自分自身で調べてみましょう。

- 魚の消費量が「日本だけ」へって
いるのはどうしてかな？
（▶21ページ）

- 魚を買わない理由にあった「価
格の高さ」。どんな魚がどのくら
い高くなっているのかな？
（▶23ページ）

◆食料品の価格の変化

消費者物価指数（2010年を100とする）

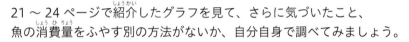

消費者物価指数は、わたしたち消費者が物を買うときの価格の変化をあらわす指標
です。2010 年の「生鮮魚介類」「生鮮肉類」「調理食品」「食料品全体」の価格を
100 とした場合、それぞれの値段がどう変化しているのかがわかります。

（「令和元年度 水産白書［水産物消費の状況］」水産庁 より作成）

魚の価格が
上がっているのは、
2013年ごろ
からだね。

肉より上がり方が
大きいことが
わかるね

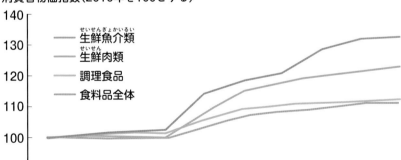

二酸化炭素の排出量をへらすには？

社会科の授業で「地球温暖化」について
学習したヒデ君とノリちゃん。このままでは
地球に住めなくなるかもしれない！
とおどろきました。そこで、自分たちの
くらしのなかで二酸化炭素をへらせないか、
考えてみることにしました。

今日、学校で学んだ「二酸化炭素の
排出量」って、テレビでもよく
ニュースになっているよね

このままだと地球がどんどん
温まって危険なのはわかるけど、
どうしたらいいの？

二人とも、いい課題が
見つかったみたいだね。
むずかしそうだけど、
挑戦してみよう

ステップ **1**

課題を見つける

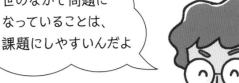
世のなかで問題になっていることは、課題にしやすいんだよ

課題はこうだね

疑問に思っていることを書くのよね

〔課題〕

● 二酸化炭素の排出量をへらすには、どうしたらいい？

● ぼくたちにできることはあるのかな？

ステップ **2**

解決に向けて計画を立てる

〔計画〕

① 日本の二酸化炭素排出量はどのくらいか、何によってふえているのか調べてみよう。
・すごくふえているのかな？
・やっぱり工場は多いのかな？

② データをヒントに、わたしたちにできる対策を考えよう。

まずは、日本の二酸化炭素の排出量を見ないとね。

うーん……

どんなところから排出されているのか、知る必要があるよね。今考えられる計画は、こんな感じかな

データを使って考えるときは、何度もステップをくり返すものだよ。まずはこれで、始めてみよう

必要なデータを集める

温室効果ガス　排出量　データ

今回もインターネットで調べるよ

こんなキーワードで検索したの

データを分析する

これはすごいデータだね！

二酸化炭素をふくむ、いろいろな「温室効果ガス」の排出量をつみ上げた棒グラフだね

◆ 温室効果ガスの種類と排出量の変化

（トン）　※二酸化炭素以外の温室効果ガスは、二酸化炭素に置きかえて計算

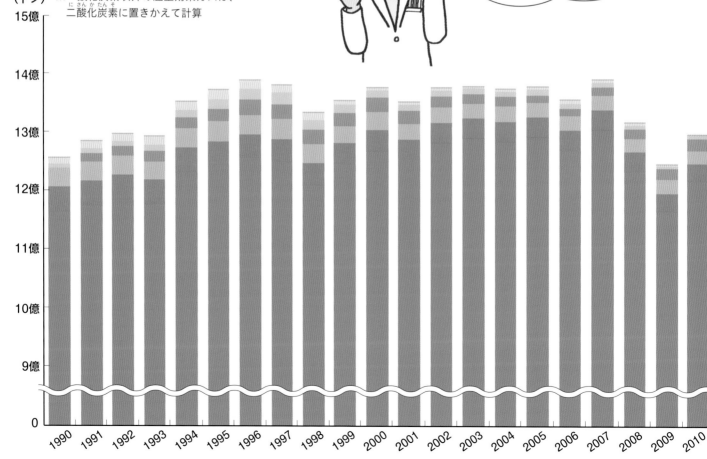

［データからわかったこと］

● 日本の二酸化炭素の排出量は、合計で11億800万トンもある。

● 2014年から二酸化炭素の排出量はへってきている。

● 割合は、やはり工場などがいちばん多い。

● わたしたちにできることがありそうなのは家庭からの排出量。

［メモ］

新しい疑問

世界の国々はどうだろう？

何か取り組みをしているってことかな。どんなことをしているんだろ？

ぼくたちにできることを考えるのはむずかしい。

どんなことで二酸化炭素を排出しているのか調べたら、できることが見つかりそう。

家庭内も多いね。これなら、わたしたちにできることがあるかもしれない。ステップ2の計画を立て直してみよう

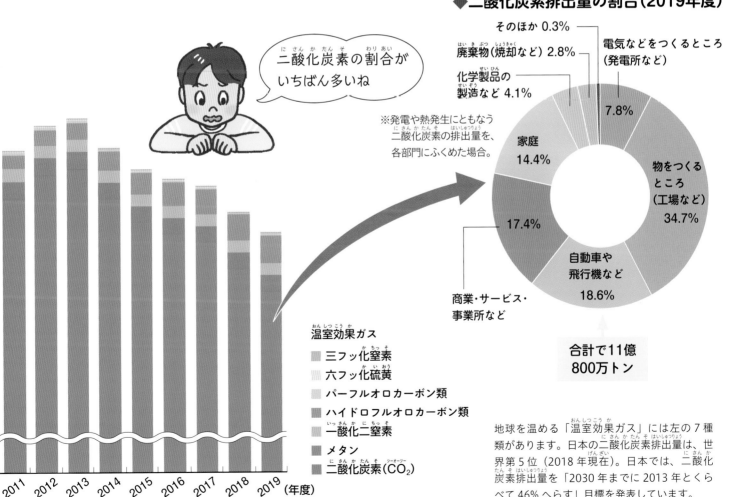

二酸化炭素の割合がいちばん多いね

◆二酸化炭素排出量の割合（2019年度）

そのほか 0.3%
廃棄物（焼却など）2.8%
化学製品の製造など 4.1%
電気などをつくるところ（発電所など）7.8%

家庭 14.4%
物をつくるところ（工場など）34.7%
17.4%
自動車や飛行機など 18.6%
商業・サービス・事業所など

※発電や熱発生にともなう二酸化炭素の排出量を、各部門にふくめた場合。

合計で11億800万トン

温室効果ガス
三フッ化窒素
六フッ化硫黄
パーフルオロカーボン類
ハイドロフルオロカーボン類
一酸化二窒素
メタン
二酸化炭素（CO$_2$）

2011 2012 2013 2014 2015 2016 2017 2018 2019 （年度）

地球を温める「温室効果ガス」には左の7種類があります。日本の二酸化炭素排出量は、世界第5位（2018年現在）。日本では、二酸化炭素排出量を「2030年までに2013年とくらべて46%へらす」目標を発表しています。

（棒グラフ・円グラフともに、「日本の温室効果ガス排出量データ（1990〜2019年度）確報値」国立研究開発法人 国立環境研究所 より作成）

ステップ**2**へもどる

もう一度、計画を立てる

ステップ**3**

必要なデータを集める

[計画]

① 家庭での二酸化炭素排出量の割合を見てみよう。
・自動車や電気製品の使い方で、排出量をへらす方法が見つかるかも。

② 答えが出たら、できる対策を考えよう。

29ページのグラフがあったサイトをもっといろいろ見てみよう

うん！ それか、さっきのキーワードに「家庭」を加えて検索するといいね

ステップ**4**

データを分析する

◆ 家庭からの二酸化炭素排出量の変化（世帯あたり）

(kg-CO₂)

（出典は、29 ページのグラフと同じ）

合計で
3971kg

- 水道
- 一般廃棄物
- 家庭用自動車
- 電気製品（照明・冷蔵庫・掃除機・テレビなど）
- キッチン
- 給湯
- 冷房
- 暖房

6000
5000
4000
3000
2000
1000
0

2005 2006 2007 2008 2009 2010 2011 2012 2013 2014 2015 2016 2017 2018 2019 (年度)

2019年の割合だけでなく、ほかの年のデータもわかるグラフを見つけたんだね

このほうが、気づくことが多いかなと思ったの

[データからわかったこと]

● 家庭では、照明・冷蔵庫・掃除機・テレビなどの電気製品と自動車の割合が大きい。

● でも、2013年から少しずつへっている。 → 新しい疑問

[メモ]
家庭でもすでに対策をしていて、効果が出ているのかもしれない。

家庭でも、2013年から少しずつへっているよ。電気製品の省エネ化が進んだせいかもしれない

ステップ5 結論を出す

［結論］

● 二酸化炭素の排出量を大きくへらすには、工場の排出量をへらすなど、社会全体で取り組まないといけない。

● わたしたちにできるのは、家庭での排出量をへらすこと。電気製品や自動車などの使い方を見直してみよう。

ステップ6 解決に役立てる

二人ともちゃんと役立てられているね!

電気

ステップアップ! グラフで気づいたことをもっと調べてみよう

28〜30ページまでのグラフを見て、さらに気づいたことや、二酸化炭素をへらすほかの方法がないか、調べてみましょう。

● 日本の二酸化炭素排出量が年々へっているのはどうして? どんな取り組みをしているのかな?(▶29ページ)
● 世界の国々の二酸化炭素排出量はどうかな? どんな取り組みをしているかも調べてみよう

二酸化炭素の排出量は、自然エネルギーを利用してつくった電気、水素やアンモニアなどの利用、植林でもへらせるよ

ヒント!

◆世界の主な国・地域の一人あたりの二酸化炭素の排出量(2018年)

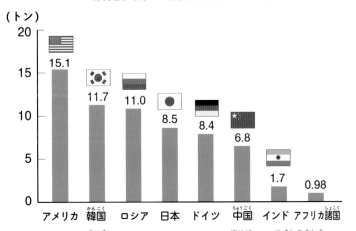

（トン）

国・地域	排出量
アメリカ	15.1
韓国	11.7
ロシア	11.0
日本	8.5
ドイツ	8.4
中国	6.8
インド	1.7
アフリカ諸国	0.98

世界の主な国や地域の一人あたりが、1年間に排出する二酸化炭素の量をあらわしています。二酸化炭素排出量の多い国を調べ、国全体の排出量と一人あたりの排出量とならべてみると、新しい発見があるでしょう。

(「温室効果ガス排出量の推移(世界)」全国地球温暖化防止活動推進センター より作成)

日本の人口は これからどうなる?

1巻の38ページで世界人口のうつり変わりを
見たヒデ君。自分が大人になったころ、
日本の人口がへったらどうなるのか
知りたくなり、調べることにしました。

子どもがへる
「少子化」について、
考えてみようか

1巻に、生まれる子どもの
数が少ないことは
「日本の課題」だって
書いてあったね

日本は「子どもの数が少ない」
「人口がへっている」というけど、
いったいどのくらいなんだろう?

32

ステップ**1**

課題を見つける

こんな感じで始めるのはどう？

その調子！いいね！

〔課題〕

● 日本の人口・子どもの数はへっている？

● へり続けると、社会はどうなる？　ぼくたちにできる対策（たいさく）を考えてみよう。

うん！うまく進められなかったら、またここにもどってくればいいもんね

ステップ**2**

解決（かいけつ）に向けて計画を立てる

将来（しょうらい）のデータも必要そうだね

まずは、本当にへっているのか、どのくらいへっているのかを確認（かくにん）しなくちゃ

〔計画〕

① 日本の人口の変化を見てみよう。

② 将来（しょうらい）の人口を予測（よそく）できるデータもさがしてみよう。
・ふえていくことはないのかな？

③ 人口がへっていくとどうなるのか、データをヒントに考えよう。

ステップ**3**

必要なデータを集める

🔍 検索（けんさく）キーワード

日本　人口　推移（すいい）　予測（よそく）

こんなキーワードで検索（けんさく）したよ

データを分析する

◆日本の人口の変化と将来の予測（2019年時点）

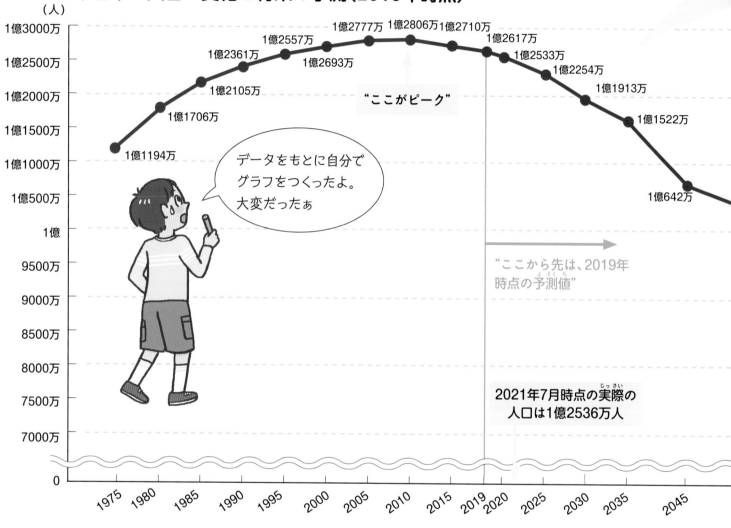

（人）

1億3000万
1億2500万
1億2000万
1億1500万
1億1000万
1億500万
1億
9500万
9000万
8500万
8000万
7500万
7000万
0

1億1194万
1億1706万
1億2105万
1億2361万
1億2557万
1億2693万
1億2777万
1億2806万
1億2710万
1億2617万
1億2533万
1億2254万
1億1913万
1億1522万
1億642万

"ここがピーク"

データをもとに自分で
グラフをつくったよ。
大変だったぁ

"ここから先は、2019年
時点の予測値"

2021年7月時点の実際の
人口は1億2536万人

1975　1980　1985　1990　1995　2000　2005　2010　2015　2019　2020　2025　2030　2035　2045

グラフのもとになったデータは、2019年を現在として、未来の人口を予測しています。
（グラフはいずれも、「日本の統計2021」総務省統計局より作成）

総務省統計局のサイトに、
「日本の統計2021」として
これまでの人口と将来の
予測データがあったよ

こうしたデータの
もとになっているのは、
1巻で見た「国勢調査
（▶1巻18ページ）」なんだよ

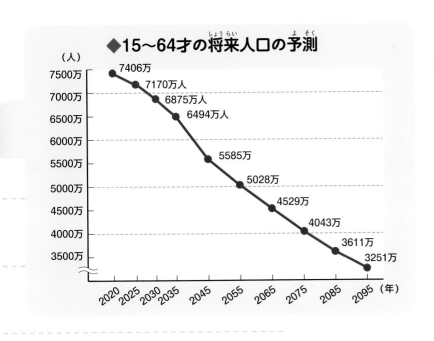

◆15〜64才の将来人口の予測

（人）
7500万
7000万 — 7406万
7170万人
7000万
6875万人
6500万 — 6494万人
6000万
5585万
5500万
5028万
5000万
4529万
4500万
4043万
4000万
3611万
3500万
3251万

2020 2025 2030 2035 2045 2055 2065 2075 2085 2095 （年）

15〜64才の
「働く世代」だけ、
数字を抜き出して
グラフにしたんだね

Good!

0〜14才の子どもは
こっちにつくったの

9744万

8808万

7856万

7038万

6313万

2055 2065 2075 2085 2095 （年）

◆0〜14才の将来人口の予測

（人）
1750万
1508万
1500万 — 1407万
1321万
1250万 — 1246万
1138万
1012万
1000万
898万
812万
750万 — 726万
645万
0

2020 2025 2030 2035 2045 2055 2065 2075 2085 2095 （年）

［データからわかったこと］

● 2010年をピークに、
　人口はへり続けている。

● 将来の子どもの数は、2055年から
　2060年の間には1000万人を下回る予想

● 働く人の数は、今後15年くらい、
　毎年60万人くらいずつへっていく予想

［メモ］

新しい疑問

働く人の数が
こんなにへると、
日本の社会は
どうなってしまうの？
だれが社会を
動かすの？

これはすごく大事な
課題じゃない？
これを解決する計画を
もう一度立てよう

うん！
そうしよう

35

もう一度、計画を立てる

ステップ**3**

必要なデータを集める

〔計画〕

① 働く人の代わりになるものを
考えて、そのデータを見てみよう。

② 答えが出たら、できる対策を
考えよう。

うーん。どうやって
さがすのがいいんだろう

ロボット
じゃない!?

働く人の代わりになって、
わたしたちを助けてくれるもの。
2巻にあったような気がするね

ステップ**4**

データを分析する

🔍 検索キーワード

日本 ロボット 台数

これで検索して
見つけたよ

◆日本の産業用ロボット稼働台数

（万台）

2019年は
世界第2位の
稼働台数

産業用ロボットは、
工場で働くロボット
のことで、人間に代
わって荷物を運んだ
り、組み立て作業を
します。日本の稼働
台数は世界第2位。
第1位は中国、第3
位は韓国です。

年	稼働台数
2016	28万7323
2017	29万7215
2018	31万8110
2019	35万4878

（「統計データ」一般社団法人 日本ロボット工業会 2020年より作成）

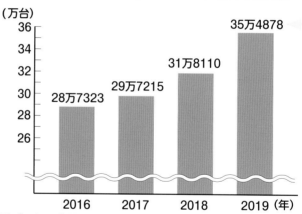

〔データからわかったこと〕

● 働く人がへる一方で、働く
ロボットの台数が年々ふえている。

● 中国について、世界第2位の
ロボット稼働台数

〔メモ〕

新しい疑問

きっとこれだけ
じゃない。働く人が
へることに対して
いろんな対策が
とられているはず。

ステップ**5**

結論を出す

「少子化」から出発して、
働く人が不足する問題を
発見するなんてすばらしい！

これで
どうだ！

ステップ**6**

解決に役立てる

［結論］

● 日本の人口や子どもの
数は、これからもへっていく。

まとまったね

● 働く人もへっていくけど、
すでにロボットが活躍して
労働力をおぎなっている。

● これからも役立つロボットが
ふえると、働く人がへっても
心配なさそう。

ロボットが必要なのは
産業だけじゃないよね。
どんなところで役立って
いるのか見てみよう

農業や介護施設でも、
すでに使われているんだ

 ステップアップ！

ロボット以外で行われている対策について、もっと調べてみよう

ヒント！

24ページの「成人女性・成人
男性の家事時間」が関係する
ことがありそうだよ

● 女性に向けて、どんな対策がとられているかな？
● 男性や高齢者に対してとられている対策を調べてみよう

人口がへることに対し、日本が行っている
対策は「ロボット」だけではありません。
どこに向けてどんな対策がとられているか
考え、データをさがしてみましょう。

◆ 保育施設の数

（「保育所等関連状況取りまとめ（令和2年4月1日）厚生労働省」）

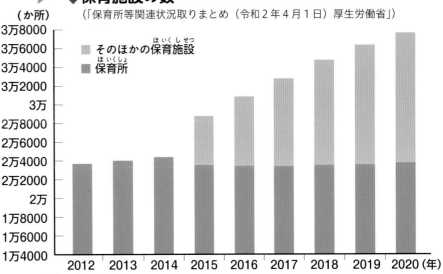

現在の保育施設は種類も数もいろいろありますが、2012 ～ 2014 年までは種類も
数も多くはありませんでした。何をきっかけにふえたのか、考えてみましょう。

37

データを使って課題解決に挑戦

14 〜 37 ページの例にならって、自分自身で課題を見つけ、データを使って解決してみましょう。これまでに気づかなかったことを発見したり、「どうしたらいいの？」と思っていたことに納得のいく答えが見つかれば、データの世界がより身近に感じられるようになります。

レッツ・スタート！

ステップ1

課題を見つける

自分の身のまわりで起きていること、気になることから、具体的な課題を1つ決めましょう。

例

〔課題〕

● 毎月800円のおこづかいは少ない？それともふつう？

● 金額が上がるよい方法はない？

ポイント

簡単で楽しい課題にする

課題は、学校で学んだことや好きなスポーツなど、身近なことから選びましょう。ふだんから思っていること、気になっていることなどをまわりの人と話すと、課題が見つかることもあります。「おもしろそう」と思うものを選び、楽しみながら進めてください。

文章は短く具体的に書く

長い文章にすると、一つの文章のなかに課題がいくつも入ってしまったり、何が課題なのかわからなくなったりします。はっきりとわかるよう、短い文章で具体的に書きましょう。

課題がうかばないときは、44〜45ページを参考にしてね

解決に向けて計画を立てる

どうしたら課題が解決できるかを予想して、
必要なデータの集め方や調べ方について計画を立てましょう。

例

データ集めの方法は
40ページでくわしく
紹介しているよ

〔計画〕

〔メモ〕

①クラスのみんなに
「おこづかいアンケート」をとる。

→ 自分たちで、
つくってみる。

②アンケート結果を
見やすく整理する。

どんなグラフが
いいかな？
アンケート結果を
見てから
使うグラフを決めよう。

③みんなが毎月いくら
もらっているか確認する。

④おこづかいアップの
ヒントを見つけよう。

計画は4項目くらいに
まとめる

どんな手順で調べていくか
を、項目に分けて書き出しま
す。何をすればいいかわから
なくなったら、ここを見て確
認できるようにしましょう。

メモ欄を使って整理する

計画がうまくまとまらないとき
や補足したい内容があるとき
は、メモ欄に書き出します。手
順を整理しやすくなったり、わ
すれたりするのをふせげます。

どんなデータをどのように
集めるか決める

課題解決のために、どんなデータが必
要か、そのデータはどうやって集める
とよいかも考え、書いておきます。

必要なデータを集める

データを集める方法は、下のようにいろいろあります。
課題にあった方法で必要なデータを集めましょう。

アンケート調査

自分のまわりにいる人からデータをとりたいときに使います。いつ、だれに、何を聞くかをきちんと決め、答えやすいアンケートをつくりましょう。できるだけ多くの人に協力してもらうと、気づきの多いデータになります。

観察・実験して記録をとる

植物や動物を観察したり、実際にやってみたりしてデータをとる方法もあります。観察や実験では、時間・量・調査対象など、データを集める際の条件をそろえることが大事です。

こんなふうに
つくろう

**記名してもらう必要が
あれば、記名欄をつくる**

回答してくれた人にあとから追加して質問することがありそうなら、名前があると便利です。ただし、「個人情報（▶1巻40ページ）」なので、ほかの人に知られないよう十分に気をつけます。

データ学園小学校5年1組
おこづかいアンケート

名前 _____

※記名したくない場合は書かなくていいです。

質問1 　毎月、おこづかいをもらっていますか？
　　　　どちらかに〇をつけてください。

　　　　はい・いいえ

質問2 　質問1 で「はい」に〇をした人は答えてください。
　　　　毎月もらうおこづかいの金額はいくらですか？

　　　　（　　　　　　　）円

　　　　　　　　　　●ご協力ありがとうございました。
　　　　　　　　　　　　　　　●小峰ヒデ

**簡単に答えられる
質問にする**

「はい」か「いいえ」で答えられるように質問を工夫すると、回答者は協力しやすく、自分自身も整理しやすくなります。質問数も必要最低限にしぼりましょう。

お礼の言葉を入れる

アンケートの最後には、協力してくれた人へのお礼の言葉を入れましょう。

**作成者が
わかるようにする**

アンケートの目的や質問について答えられるように、だれがつくったのかがわかるようにしておきます。

15ページで
ぼくがつくった
アンケートが
これだね

本や新聞から見つける

雑誌や書籍、新聞に掲載されたデータを使う方法もあります。書かれている出典から、だれが、いつ、どんな方法で調べたかを確認して、自分の課題にあったデータを選びましょう。

〔データがのっている本の例〕
- ●『「日本国勢図会」ジュニア版 表とグラフでみる日本のすがた2021』(矢野恒太記念会)
- ●『ジュニア農林水産白書2021年版』(農林水産省)
- ●『朝日ジュニア学習年鑑2021』(朝日新聞出版)
- ●『日本地理データ年鑑2021』(小峰書店)

インターネットで検索する

●キーワードで調べる

日本　ロボット　台数 🔍

キーワードをならべて検索すれば、簡単にさまざまなデータを見ることができます。また、雑誌や書籍では見られない最新のデータがえられる場合もあります。ただし、信頼性の低い情報もあるため、下のような政府のサイトなどで調べましょう。

二酸化炭素や人口の課題ではインターネットを使って検索したわ

自分たちで調べるなら

●キッズすたっと〜探そう統計データ〜

小・中学生向けに、統計データをやさしくまとめたサイト。「千代田区」「みかんの収穫量」など、調べたい地域やキーワードで検索できます。

ほしいデータが見つからないときは、大人に相談して一緒にさがしてもらおう

大人と一緒に調べるなら

●統計 Dashboard

国や民間企業が提供する統計データを使いやすくまとめたサイト。データによる変化がひと目でわかるようにグラフで表示されています。

●e-Stat 政府統計の総合窓口

国が集めた日本の統計がすべて見られるサイト。調べた機関、分野、統計名ごとにくわしいデータを見ることができます。

データを分析する

集まったデータは、見やすいように表やグラフにして、
変化や特徴をさがしましょう。

例

〔データからわかったこと〕　　　〔メモ〕

◆5年1組おこづかいアンケートの結果
（棒グラフ）

(人)
12
11
10
9
8
7
6
5
4
3
2
1
0

0　500　800　1000　1200　1500　1800　2000　3000 (円)

新たに調べたいことは メモ欄へ

データ分析で気づきや発見があると、新しく調べたいことが出てくるものです。思いついたら、わすれないうちにメモに残しておきましょう。

新しい疑問を
もとに計画を
立て直しても
いいのよ

● ヒデ君と同じ800円の人は、
ほかに二人いた。

新しい疑問

● おこづかい「0円」の人もいた。
「3000円」という人もいた。

→ 0円でどうやって
マンガやおかしを
買っているのか、
気になる…。

どうしてそんなに
もらっているのか
聞きたい！

● クラスの平均おこづかいは、
「約1185円」だった。

● 「1000円」の人が11人で
いちばん多い。

● 「1000円」以上の人は、合計28人。
クラスの8割をこえている。

◀ポイント

気づいたことは すべて書く

グラフや表を見て気づいたことは、小さなことでもすべて書き出しましょう。何でも書いてみることで、解決のヒントに気がついたり、新しい疑問がうかんだりします。

こまったときは 10〜13ページへ

グラフ選びにこまったときは、10 〜 11 ページでグラフの種類と特徴を確認しましょう。また、データ分析で変化や特徴が見られないときは、12 〜 13 ページの項目にあてはまっていないか確認しましょう。

ステップ 5
結論を出す

ステップ4でわかったことをうけ、
「なるほどこういうことだったのか」と
納得できる結論を出しましょう。

例

〔結論〕

● ヒデ君のおこづかいは、
クラスのなかでは「少ない」と
いえそうだ。

● このデータを見せて、
いちばん多い「1000円」か、
平均の「1185円」でお母さんに
交渉してみよう。

〔メモ〕

ポイント

自分なりの結論でよい

課題の立て方が一人ひとりちが
うように、結論も一つとはかぎ
りません。テストのように「正
解」はないので、自分なりの答
えを見つけて書きましょう。

ステップ 6
解決に役立てる

ステップ5の結論を使って、
課題の解決につながりそうな提案をし、
解決に役立てましょう。

ここでゴール！
がんばったね

例

〔解決のために行ったこと〕

● データをもって
お母さんにおこづかいアップを
交渉しよう。

〔メモ〕

ポイント

**自分なりの
役立て方でよい**

ステップ5と同じよう
に、役立て方も人それぞ
れです。自分ならどんな
ことができるかを考えて
実践してみましょう。

課題にこまったら
ここから選んで始めよう

「気になる」「おもしろそう」「簡単そう」など、選ぶ理由はなんでもいいよ

課題がうかばないときは、下のテーマから一つ選んで取り組んでみましょう。
下の課題を調べていくなかで、おもしろそうな課題が見つかることもあります。
さまざまなデータにふれてみるとよいでしょう。

1 『相手のシュートからゴールを守るにはどうしたらいい？』

校庭のサッカーゴールを8つに分け、クラスの友達がどこに向けてシュートしているか、データを集めてみましょう。キーパーがいるとどう変化するか、ゴールの成功率などを分析して、試合に勝つ方法を考えてみましょう。

2 『家庭からの二酸化炭素排出量を効率よくへらす方法は？』

家庭から出る二酸化炭素をどうしたらへらせるかを調べ、方法ごとにどのくらいの省エネ効果があるか、データをとってみましょう。何を実践すると大きな効果があるのか、データをくらべて考えてみましょう。

3 『住んでいる地域の人口はふえている？へっている？』

『「日本国勢図会」ジュニア版』や「キッズすたっと」などで、自分の地域の「これまでの人口」「人口移動」などを調べてみましょう。また、他県の人がうつり住んでくれるためにはどうしたらいいか、自分のまちのアピールポイントを考えてみましょう。

○○市 人口 変化

わたしはゴールの成功率に挑戦してみたいな

ぼくは薬局のことを調べたいな

4 『ぼく・わたしの家は、果物をたくさん食べてる？』

「家計調査（▶1巻31ページ）」で果物消費量を調べたり、クラスのアンケートで果物の購入量や消費量を調べてみましょう。また、買う理由や買わない理由を調べて、果物の購入量をふやすための工夫を考えてみましょう。

おやつは　バナナ！

5 『身近な食品のむだをへらすにはどうしたらいい？』

農林水産省や環境省のサイトから、どんな食品がどれだけすてられているのか「食品ロス」について調べてみましょう。クラスでアンケートをとって、家庭ではどんな食品をすてたりむだにしているか調べ、へらせそうなものがないか考えてみましょう。

ごみ

6 『薬局の店長のつもりで売り上げをのばす方法を考えよう』

薬局で最も売れている商品は、薬以外の"ある物"です。経済産業省の統計から最も売れている商品が何か、調べてみましょう。その結果を参考に、近所の薬局がもっと売り上げをのばす方法を考えてみましょう。売られている商品の種類や値段を調べたり、品物のならべ方の工夫を考えたりするのもよいでしょう。

人気　人気　No.1

全巻共通さくいん

【さくいんの見方】
❶ 5 …1巻の5ページ

データで変わる！ 産業とくらし

3 今日からきみもデータ名人

監修　稲田修一（いなだ・しゅういち）

九州大学大学院工学研究科修士課程修了（情報工学専攻）、米国コロラド大学大学院修士課程修了（経済学専攻）。1979年に郵政省（現総務省）入省。情報流通など、ICT分野の政策立案や技術開発を担当。2012年に退官後、東京大学先端科学技術研究センター特任教授を経て、早稲田大学研究戦略センター教授。

指導協力　小林宏己（こばやし・ひろみ）
早稲田大学教育・総合科学学術院教授

●参考文献
稲田修一『知識ゼロからのビッグデータ入門』（幻冬舎）
稲田修一『ビッグデータがビジネスを変える』（アスキー・メディアワークス）
渡辺美智子 監修『親子で学ぶ！ 統計学はじめて図鑑』（日本図書センター）
涌井良幸『子供の科学★ミライサイエンス 統計ってなんの役に立つの？』（誠文堂新光社）
渡辺美智子 監修『楽しい調べ学習シリーズ　統計と地図の見方・使い方 データから現象や課題と解決策をさぐろう』（PHP研究所）
渡辺美智子 監修『楽しい調べ学習シリーズ　表・グラフの読み方・つくり方 データを正しく活用しよう！』（PHP研究所）
今野紀雄 監修『データの達人 表とグラフを使いこなせ！』シリーズ　1〜4巻（ポプラ社）

〔WEBサイト〕
総務省統計局「なるほど統計学園」（https://www.stat.go.jp/naruhodo/）

ブックデザイン	周 玉慧・スズキアツコ
企画・編集	増田秀彰・渡部のり子（小峰書店）
編集協力	羽山奈津子（オフィス201）・田原朋子
表紙イラスト	いたばしともこ
イラスト	福場さおり・いたばしともこ
DTP	株式会社 明昌堂
校正	遠藤三葉

2021年11月30日　第1刷発行

監 修 者　稲田修一
発 行 者　小峰広一郎
発 行 所　株式会社 小峰書店
　　　　　〒162-0066 東京都新宿区市谷台町 4-15
　　　　　電話　03-3357-3521
　　　　　FAX　03-3357-1027
　　　　　https://www.komineshoten.co.jp/

印刷・製本　図書印刷株式会社

NDC600　47P　29×23cm
ISBN 978-4-338-34503-3
ⓒ2021 Komineshoten Printed in Japan